HISTOIRE & ACTUALITÉ

MARGARET THATCHER

L'inflexible Dame de fer d'Angleterre

Par Sébastien Porcu

50MINUTES.fr

MARGARET THATCHER

INTRODUCTION

Adulée par les uns, décriée par les autres, Margaret Thatcher est une figure politique majeure du XXᵉ siècle. Connue pour ses déclarations chocs, sa coiffure épaisse ainsi que ses boucles d'oreilles en perles, elle est décrite par François Mitterrand (homme d'État français, 1916-1996) comme ayant « la bouche de Marilyn Monroe et les yeux de Caligula » (« Thatcher : Mitterrand a flatté sa féminité », in *Le Figaro.fr*).

Premier ministre britannique de 1979 à 1990, elle est la première femme à occuper un tel poste et à le garder aussi longtemps. Surnommée la « Dame de fer » depuis son discours de 1976 contre l'Union soviétique, Margaret Thatcher fait preuve, tout au long de sa carrière, d'une inflexibilité farouche et d'un entêtement hors du commun. Elle mène de front une politique économique stricte, que l'on appelle plus communément le thatchérisme. Au menu : privatisation des entreprises publiques, limitation du pouvoir syndical, taxation préférentielle pour les hauts revenus. Des mesures qui sont, certes, propices à un essor économique, mais qui, sur le plan social, constituent une réelle catastrophe. Deux événements ont particulièrement marqué sa personnalité controversée : la grève de la faim des républicains irlandais (mars 1981), avortée après 172 jours en raison de l'impassible silence de Thatcher et la guerre des Malouines (avril-juin 1982), qui lui a offert une victoire politique mais qui est aussi tristement célèbre pour les lourdes pertes humaines qu'elle a engendrées. Mais qui était réellement Margaret Thatcher ?

DONNÉES CLÉS

- **Naissance ?** Le 13 octobre 1925 à Grantham (Royaume-Uni).
- **Mort ?** Le 8 avril 2013 à Londres.
- **Parti politique ?** Le Parti conservateur.
- **Apport majeur ?** Le « thatchérisme » (nom donné à l'ensemble des mesures économiques et politiques prises par Margaret Thatcher) et la relance économique du Royaume-Uni.

BIOGRAPHIE

DU BERCEAU À LA RIGUEUR

13 octobre 1925. Margaret Hilda Roberts voit le jour dans la petite épicerie de son père, à Grantham. Tout au long de sa vie, elle admirera cet homme pour sa réussite personnelle, qu'il ne doit qu'à lui-même. De son enseignement, elle apprendra la persévérance, le refus du laisser-aller et l'intégrité. Avec sa mère, Béatrice, elle entretient par contre une relation beaucoup plus contrastée. Elle vit, avec sa sœur aînée, une enfance rythmée par le méthodisme, les cours de piano, l'école privée et la messe du dimanche.

Le méthodisme

Le méthodisme est un mouvement religieux qui se développe en Angleterre au XVIIIe siècle avec le prédicateur et théologien John Wesley (1703-1791). La dévotion à la chrétienté, l'accomplissement du bien et le prêche de la bonne nouvelle en sont les principes clés.

LA NAISSANCE D'UNE VOCATION

C'est grâce à son père que Margaret se passionne pour la politique. Celui-ci devient en effet conseiller municipal en 1936 et se donne pour but de défendre la cause des petits commerçants. Son combat trouvant écho auprès de la population, il devient maire de Grantham en 1945. De son côté, la jeune fille se consacre à ses études et décroche une bourse au collège Somerville d'Oxford. Elle obtient ensuite une licence en chimie et en lettres. Curieuse et avide de connaissances, elle est notamment marquée par La Route de la Servitude, un livre de Friedrich Von Hayek qui est consacré au néolibéralisme économique dans lequel elle puisera bon nombre d'idées.

DES BALBUTIEMENTS À LA CRÉATION D'UNE ICÔNE

1959 est l'année de son entrée au Parlement, mais également celle du retour des conservateurs au pouvoir. Ce vent favorable lui permet d'obtenir le ministère de l'Éducation en 1970. Son heure de gloire se profile lorsqu'elle succède à Edward Heath (1916-2005) à la tête du

Parti conservateur en 1975. Elle gagne du galon et provoque des remous au sein de son propre parti lorsqu'elle remet en cause certains de ses fondements : le laxisme vis-à-vis des syndicats, l'europhilie (position favorable envers l'Union européenne) ou encore l'égalitarisme.

Le 19 janvier 1976, Margaret Thatcher s'exprime à Londres. Elle y prononce un discours virulent contre l'Union soviétique et le communisme qui se répand de plus en plus. Pour elle, les Russes « [...] avancent les armes avant le beurre [...] » (THATCHER (Margaret), « Speech at Kensington Town Hall "Britain Awake", 19 janvier 1976 », in *Margaret Thatcher Foundation*). Suite à ce fameux discours acerbe vis-à-vis de l'URSS, les médias la qualifient de Dame de fer. Une icône est née.

DU THATCHÉRISME À LA GUERRE DES MALOUINES

Devenue Premier ministre en 1979, Margaret Thatcher est la première femme à exercer cette fonction. Elle exécute son programme économique en commençant par exiger une baisse de la contribution britannique à l'Europe, revendication qu'elle obtiendra à force de pugnacité. Elle enclenche aussi sa politique déflationniste pour conférer plus de pouvoir à la livre sterling.

En mars 1981, elle est mise pour la première fois à l'épreuve : Bobby Sands (1954-1981), un prisonnier républicain irlandais, débute avec ses camarades une grève de la faim afin d'obtenir le statut de prisonnier politique, montrant par là leur volonté d'obtenir un meilleur traitement. Mais la Dame de fer ne plie pas et reste sourde à cette demande. Bobby Sands décède le 5 mai durant son combat et neuf autres détenus perdront également la vie un peu plus tard. La grève prend fin après 172 jours.

Par la suite, la popularité de Margaret Thatcher décline dans les sondages à cause de ses prises de position. Afin de remédier à cela, elle décide de faire de la souveraineté des îles Malouines son cheval de bataille. Situées dans l'Atlantique Sud, ces îles représentent en effet un point stratégique puisqu'elles constituent une ouverture vers le continent antarctique, encore inexploré. La Dame de fer lance un assaut impressionnant pour les récupérer au grand dam des Argentins, en avril 1982. La bataille se révèle extrêmement meurtrière puisqu'elle ôte la vie à 905 personnes, dont 255 Britanniques.

DES PRIVATISATIONS AU RENIEMENT

La victoire de Margaret Thatcher contre les Argentins permet sa réélection et offre aux conservateurs leur plus beau score. Dans la foulée, Maggie décide de privatiser 29 entreprises publiques, affaiblissant ainsi considérablement l'État. Cette mesure permet toutefois d'assainir l'économie : en effet, privatiser une entreprise contraint les nouveaux acquéreurs à mettre en place une gestion rentable de celle-ci, ce qui n'est pas le cas avec une entreprise publique. Cela attire, par conséquent, les investisseurs étrangers. Mais Margaret Thatcher contribue surtout à la dégénérescence du système public en suscitant une dégradation du système éducatif ainsi qu'un accroissement de la pauvreté et des disparités sociales. C'est une société favorable aux privilèges qu'est en train de mettre en place la Dame de fer.

La *Poll Tax*, un nouvel impôt qu'elle souhaite mettre en œuvre, lui sera fatale. Cette taxe, jugée inégalitaire par les classes populaires, provoque des émeutes. Margaret se voit alors désavouée par son parti, et elle quitte la politique le 22 novembre 1990.

UNE SANTÉ DÉCLINANTE

Retirée de la politique, Margaret Thatcher décide de se consacrer à sa fondation qui promeut le libéralisme partout en Europe. Elle donne également quelques conférences jusqu'en 2002. Après cela, une série d'accidents vasculaires cérébraux la contraignent à se retirer de la vie publique. Elle réapparaîtra néanmoins à certaines occasions, comme lors de la mort de Ronald Reagan (homme d'État américain, 1911-2004), duquel elle était proche.

Margaret Thatcher meurt le 8 avril 2013 à Londres des suites d'un AVC. Si sa politique néo-libérale a permis au pays de connaître sa plus longue période de prospérité, elle a également plongé la population dans un véritable bain de sang social.

CONTEXTE

UNE ÉCONOMIE AU PLUS MAL

Au milieu des années cinquante, le Royaume-Uni se porte mal. Au lendemain de la Seconde Guerre mondiale (1939-1945), sa situation économique se dégrade considérablement. Il est à la traîne par rapport aux autres pays : sa croissance n'atteint en effet même pas les 3 %, alors que ses voisins européens, comme la France et l'Allemagne, jouissent d'une progression de 5 %. Depuis la fin de la guerre, l'État a élargi ses compétences, en partie grâce à la nationalisation des services et des transports, et un véritable État providence a été mis en place en 1930. Ce faisant, les dépenses du pays deviennent plus importantes, ce qui n'arrange guère la situation.

L'ÉTAT PROVIDENCE

Cette conception de l'État offre une plus grande possibilité d'intervention à celui-ci, en particulier dans les domaines économiques et sociaux. Cette manière d'organiser la société promet plus d'égalité, car elle pratique la distribution des richesses. Elle est connue dans les pays anglo-saxons sous le nom de *Welfare State*.

TOUCHÉ EN PLEINE FIERTÉ

En 1973, un choc pétrolier provoque une inflation impressionnante qui atteint les 25 %. C'est un véritable séisme pour le Royaume-Uni qui se retrouve au fond du gouffre trois ans plus tard. La situation est telle qu'il est contraint de frapper à la porte du Fonds monétaire international (FMI) en 1976. On imagine bien la honte qui envahit ce pays, alors qu'hier encore, il se targuait d'avoir un système économique performant. Quatre milliards de dollars sont alors alloués au Royaume-Uni, avec comme condition sine qua non la mise en place d'une politique déflationniste. Les syndicats, qui réclament une augmentation salariale, voient donc leurs revendications rejetées par le Gouvernement, et de nombreuses grèves éclatent dans le pays.

L'UNION CONTRE LE « SOCIALISME RAMPANT »

Face au poids considérable qu'ont pris les syndicats, Margaret Thatcher décide de baser sa campagne politique sur le « socialisme rampant » que ces derniers exercent. Le Parti conservateur, représenté par les tories, remporte haut la main les élections de 1975, avec 44 % des suffrages, devançant le Parti travailliste.

Margaret Thatcher devient alors chef du parti au détriment d'Edward Heat, mais reste dans l'opposition. Sa victoire est davantage due à un vote anti-syndicats qu'à une véritable approbation de son programme économique. Il n'empêche qu'une fois installée, elle décide de mettre les bouchées doubles en appliquant ses réductions budgétaires, en supprimant les avantages annexes liés aux salaires et en relevant les taux d'intérêt bancaires pour atténuer l'inflation.

L'HIVER DU MÉCONTENTEMENT

En 1978-1979, le Royaume-Uni vit des instants chaotiques. Les syndicats prennent le pays en otage lors du célèbre hiver de mécontentement.

Cette expression, utilisée pour la première fois par le dramaturge anglais William Shakespeare (1564-1616) dans sa pièce *Richard III* (1592-1593), a été reprise par un éditorialiste du journal The Sun pour désigner les conséquences de la tentative travailliste d'instaurer un plafond de 5 % à l'augmentation des salaires.

Face à cette mesure, les grèves se multiplient à travers le pays, dans tous les secteurs. Des coupures d'électricité sont constatées, ainsi que des pénuries de nourriture. Bien malgré eux, les grévistes donnent les clés du *10 Downing Street* (résidence du Premier ministre britannique) à Margaret Thatcher. La population vote en masse pour le Parti conservateur et la Dame de fer se retrouve à la tête du pays en 1979.

LA RÉVOLUTION THATCHÉRIENNE EN ŒUVRE

La Dame de fer ne perd pas une seule seconde et s'attaque de manière virulente à l'État providence qui, selon elle, ne fait que créer des assistés. Margaret Thatcher a une vision bien à elle des classes sociales. D'après elle, les clivages existants doivent devenir un moteur pour les classes défavorisées ; elle les juge nécessaires afin de leur apprendre à se surpasser. Elle mène également une campagne pour affaiblir les *Trade Union* (syndicats britanniques), dont elle réglemente les démarches, notamment avec la loi de 1982 visant à réprimer les grèves sauvages. Afin de stimuler l'économie, elle accorde aux personnes qui possèdent des hauts revenus un taux d'impôt préférentiel : de 83 %, celui-ci passe à 37 %. Le thatchérisme est bel et bien lancé et connaîtra un succès important sur le plan économique. Cependant, il faudra attendre 1990 pour voir l'inflation record de 16 % diminuer de deux tiers.

En 1983, le bilan du premier Gouvernement Thatcher est catastrophique : la production est à la baisse, le chômage explose et le déficit public se creuse encore un peu plus. Mais, comme à son habitude, la Dame de fer reste intransigeante et refuse tout compromis. Comme elle aime le répéter, il n'y a pas d'alternatives.

FIGHTING FOR ARGENTINA

Le conflit des Malouines arrive à point pendant l'année 1982. D'une part, le côté patriotique de la bataille ravit les Britanniques, et permettra à Thatcher de reconquérir les urnes et d'être réélue pour quatre ans à la tête du pouvoir. D'autre part, ce côté va-t-en-guerre crée des dissensions au sein du Parti conservateur. Plusieurs membres du Gouvernement démissionnent d'ailleurs afin de montrer symboliquement leur mécontentement.

365 JOURS DE GRÈVE

Le Gouvernement Thatcher, deuxième du nom, décide de s'attaquer au secteur minier. Constatant qu'une vingtaine d'exploitations sont déficitaires dans ce domaine, il décide de les fermer. En termes d'emploi, cette décision provoque une véritable hécatombe. Une grève dite illégale commence alors, car seuls 40 % des mineurs ont décidé de la suivre ; or, la loi exige un minimum de 55 % pour qu'un arrêt de travail soit jugé légitime. Malgré les violents affrontements qui ont lieu entre les forces de l'ordre et les mineurs, la Dame de fer se montre tenace. Le respect de la loi passe avant tout. Des plans sont mis en place pour éviter une pénurie de charbon et on fait même appel à des personnes non syndiquées pour le transport du minerai.

De mars 1984 à mars 1985, Maggie (le surnom ainsi donné par les satiristes de l'opposition) refuse ainsi tous les compromis proposés, s'opposant à toute tentative de négociation. Épuisés, endettés, affamés, les mineurs reprennent finalement le travail après un an de grève, sans n'avoir rien pu obtenir du Gouvernement.

VISÉE INTERNATIONALE

Vient ensuite le moment des grandes privatisations des entreprises publiques. Par cette mesure, Margaret Thatcher permet aux nouveaux propriétaires de réduire le déficit budgétaire et d'assainir, par la même occasion, les finances publiques. En outre, le nombre de fonctionnaires diminue et le Gouvernement procède à des coupes drastiques dans les budgets des transports, de la santé et du logement.

DES INÉGALITÉS SOCIALES ENCORE PLUS MARQUÉES

À peine le Gouvernement Thatcher a-t-il le temps de jouir d'un retour à la croissance que le déficit commercial augmente à nouveau.

LE DÉFICIT COMMERCIAL

Le déficit commercial d'un pays s'évalue en fonction d'une balance imaginaire. Si les importations d'un État sont supérieures à ses exportations, on parle de balance déficitaire, car cet État est tributaire d'autres pays pour se procurer des biens.

Le taux de chômage est quant à lui de 5,8 %, mais les inégalités sociales se creusent de plus en plus. Les riches sont devenus plus riches encore, et les pauvres se sont appauvris. Dans un tel contexte, la Dame de fer tente de faire imposer sa *Poll Tax*. Celle-ci touchera également les personnes les plus défavorisées, qui n'étaient, jusqu'à présent, pas soumises à l'impôt. Elle persévère, alors même que son entourage lui dit qu'elle va trop loin, et elle finit par être poussée vers la porte de sortie, au profit de John Major (né en 1943), qui lui succède en 1990.

TEMPS FORTS

« *I WANT MY MONEY BACK* »

C'est lors de son premier sommet européen à Dublin, le 30 novembre 1979, que Margaret Thatcher marque les esprits. Alors que les négociations tournent autour des questions budgétaires, la Dame de fer jette un pavé dans la mare de la CEE (Communauté économique européenne). Estimant la contribution du Royaume-Uni trop élevée, elle lance à l'assemblée « *I want my money back* ». Elle considère en effet que son pays donne beaucoup plus qu'il ne reçoit en échange. Beaucoup s'esclaffent, peu croient en la possibilité d'une telle demande. Pourtant, les neuf (Allemagne, Belgique, France, Pays-Bas, Royaume-Uni, Luxembourg, Italie, Danemark et Irlande) consacrent quasiment tout le sommet à discuter de ce rabais britannique.

Même s'ils sont bien conscients que le Royaume-Uni est l'un des pays les plus pauvres de la CEE et que sa participation est démesurée, les autres pays européens font bloc contre la Dame de fer. Et pour cause : changer le montant de la participation implique de modifier les règles de base qui ont fondé la communauté. Mais c'était sans compter sur la pugnacité de Maggie. Après de multiples entretiens, elle finit par faire plier Valéry Giscard d'Estaing (homme d'État français, né en 1926) et Helmut Kohl (homme d'État allemand, né en 1930) en 1984, lors du sommet européen de Fontainebleau. Preuves à l'appui, elle n'a cessé de démontrer le poids mineur de l'agriculture britannique (2 % du produit national brut) face aux géants français et allemands. C'est donc une victoire totale pour Margaret Thatcher qui obtient un rabais de 66 % sur la contribution du Royaume-Uni. Le cas britannique fait office de référence, car un principe en est dégagé : tout État membre qui supporte une charge trop élevée par rapport à sa santé financière pourra voir sa contribution revue et corrigée.

« ÉCHOUER ? CETTE POSSIBILITÉ N'EXISTE PAS »

24 mars 1986. L'Argentine est victime d'un coup d'État et tombe sous un régime dictatorial. La situation est également inquiétante dans d'autres

pays d'Amérique du Sud où une campagne d'assassinats, connue sous le nom d'opération « Condor », est menée par les services secrets afin d'éliminer les dissidents politiques. La dictature se répand donc dans d'autres pays, dont notamment les îles Malouines, le 2 avril 1982. Or, ces dernières étaient sous domination britannique depuis 1833.

Une souveraineté longuement contestée

Les îles Malouines se situent dans l'Atlantique Sud, soit à plus de 13 000 kilomètres du Royaume-Uni. Elles n'ont pas toujours appartenu au Royaume-Uni. Au XVIIIe siècle, les Français s'en emparent lors de leurs explorations, mais sont très rapidement chassés au profit de l'Espagne. Cette dernière décide de quitter les îles en 1810, mettant fin à 37 ans d'occupation. En 1820, l'indépendance de l'Argentine est accordée par l'Espagne. Les Argentins voient là l'occasion d'établir une colonie sur les îles tant convoitées, mais cette idée est rapidement abandonnée. Les Anglais reviennent alors à la charge en s'emparant du lieu stratégique en 1833. Depuis lors, l'Argentine et le Royaume-Uni se disputent la souveraineté de ce territoire.

L'ONU (Organisation des Nations unies) fait pression sur l'Argentine pour qu'elle retire ses troupes et qu'elle cesse d'occuper les îles grâce à la Résolution 502. Mais c'est trop peu pour la Dame de fer ; d'autant plus qu'en ne faisant rien, elle perdrait de sa superbe et son inaction serait perçue comme étant de la lâcheté. Elle décide donc de réagir en lançant, le 25 avril 1982, une offensive musclée contre les occupants des Malouines. Au-delà de la question territoriale, d'autres données entrent en jeu pour expliquer cette réaction quelque peu inattendue. Les îles Malouines constituent en effet un point stratégique en raison de leur localisation, et plus particulièrement de leur proximité avec l'Antarctique. Il est donc intéressant d'en garder la mainmise pour profiter des matières premières et des richesses exploitables aux alentours. « Échouer ? Cette possibilité n'existe pas », lance Margaret Thatcher au sujet de la guerre qu'elle est en train de mener (Thatcher (Margaret),

« Interview for ITN on the Falkland, 5 avril 1982 », in *Margaret Thatcher Foundation*).

Les affrontements, qui sont brefs mais violents, entraînent la mort de 650 Argentins et de 255 Britanniques. À nouveau, Margaret Thatcher remporte une victoire, et sa fierté nationaliste lui servira d'attrape-voix pour les élections de 1983. L'écrivain argentin Jorge Luis Borges (1899-1986) utilisera une formule toute particulière pour décrire ce conflit : « La guerre des Malouines était une bataille entre deux chauves pour un peigne. » (« Falkland Islands: Imperial Pride », in *The Guardian.com*)

« ET MAINTENANT, C'EST LE BUSINESS COMME D'HABITUDE »

À Belfast (capitale d'Irlande du Nord), la prison ne désemplit pas. De nombreux membres de l'IRA (*Irish Republican Army*, l'Armée républicaine irlandaise) y sont enfermés pour leurs actes violents et répréhensibles.

L'IRA

L'IRA apparaît en 1913 avec le projet « *Home Rule* » dont l'objectif premier est de concéder à l'Irlande plus d'autonomie. Ce n'est que six ans plus tard que la mouvance prend le nom d'IRA. Elle revendique, à coups d'attaques violentes dirigées contre les Britanniques, une autonomie totale de l'Irlande.

Au cours de l'histoire, des guerres intestines s'emparent de l'armée suite à des divergences d'opinion quant à la direction à lui faire prendre. De ces luttes naissent deux IRA, dont l'IRA provisoire qui estime que pour atteindre son but, il est nécessaire d'utiliser la violence. Il faudra attendre 1974 pour que cette même organisation soit jugée illégale, et 2005 pour qu'elle décide d'abandonner l'usage des armes.

C'est en 1976 que Bobby Sands et plusieurs autres militants sont arrêtés et écroués dans l'établissement pénitencier de Belfast. Les conditions de détention y sont très dures et particulièrement dégradantes. Les détenus sont battus de manière fréquente et copieusement humiliés. Du haut de ses 22 ans, le jeune Bobby Sands ne se laisse pas faire. Il devient commandant de l'IRA et fait passer des messages hors des murs de la prison. Il milite avec ses camarades pour qu'un statut de prisonnier politique leur soit concédé, afin de limiter les railleries et de mettre un terme à la violence perpétrée à leur égard. Alors que le Gouvernement britannique fait la sourde oreille, les prisonniers entament la *Blanket protest* (littéralement, « protestation de la couverture »), qui consiste à refuser de porter leur uniforme, lui préférant un drap. Mais aucune amélioration de leur condition n'est constatée. Bobby Sands décide alors de durcir le mouvement en lançant un *No wash protest* et un *Dirty protest* (littéralement, « protestation par la saleté »). Désormais, les prisonniers méprisent toute forme d'hygiène, refusant de se laver et allant même jusqu'à étaler leurs excréments sur les murs. Fidèle à son habitude, la Dame de fer ne plie pas et ne prête guère attention à ces provocations. Les détenus entament alors une grève de la faim.

Au même moment, en avril 1981, alors qu'un député de l'IRA décède, les membres du parti décident de proposer la candidature de Bobby Sands, toujours emprisonné, pour le remplacer. Une élection est alors organisée, et le jeune rebelle la remporte, ce qui obligera le Gouvernement Thatcher à modifier la loi permettant aux prisonniers d'être élus.

Après 66 jours de lutte acharnée, Bobby Sands décède, à l'âge de 27 ans, emportant dans la tombe ses idéaux d'une république irlandaise indépendante. La défaite est amère. Après 172 jours, on compte dix morts parmi les grévistes de la faim. Le bilan est si lourd que le cynisme et l'inflexibilité de la Dame de fer provoquent de nombreuses émeutes en Irlande du Nord et suscitent un profond émoi dans tout le Royaume-Uni et au-delà des frontières. « Il a choisi de s'ôter la vie », se justifie-t-elle lorsque l'opinion publique la tient pour responsable (Thatcher (Margaret), « Public Speech at House of Commons, 5 mai 1981 », in *Margaret Thatcher Foundation*).

En 1984, l'IRA tente de prendre sa revanche en plaçant une bombe dans un hôtel français où le parti du Premier ministre tient une conférence. Absente de sa chambre au moment des faits, Thatcher évite de justesse l'attentat qui ôte toutefois la vie à cinq conservateurs. Peu impressionnable, la Dame de fer garde le cap en allant à la tribune faire son discours, et dit « [...] maintenant, les affaires continuent comme d'habitude » (Thatcher (Margaret), « Speech to Conservative Party Conference at Brighton Hotel, France, 12 octobre 1984. Awake, 19 janvier 1976 », in *Margaret Thatcher Foundation*).

UNE RELATION QUI A CHANGÉ L'HISTOIRE

Margaret Thatcher rencontre en 1975 Ronald Reagan, le gouverneur de Californie, à Londres. Plus qu'un coup de cœur, c'est un véritable coup de foudre politique. Bien qu'ayant leurs spécificités propres, les parcours respectifs de ces deux personnalités les placent aux rênes du pouvoir presque en même. Peu à peu, les deux chefs d'État développent des points communs, notamment grâce à leur ennemi collectif : le communisme. La Dame de fer ne semble craindre personne et se sert de sa verve pour asséner les questions qui fâchent. Lors d'une visite de Mikhaïl Gorbatchev (homme d'État soviétique, né en 1931), elle n'hésite pas à lui demander pourquoi il n'autorise pas son peuple à émigrer. Qualifiant son acte d'aveu de faiblesse, elle ne peut s'empêcher de raconter la scène à son ami américain. Grâce à l'influence mutuelle qu'ils ont l'un sur l'autre et à leur détermination, Reagan et Thatcher contribuent à la chute de l'Union soviétique.

Margaret Thatcher invitée à la Maison-Blanche par Reagan, 1988.

L'Union soviétique

Appelée également URSS (Union des républiques socialistes soviétiques), l'Union soviétique voit le jour le 30 décembre 1922. Elle est constituée de 15 Républiques, qui forment ensemble un État fédéral. Elle doit sa naissance à la Révolution russe de 1917, qui a évincé le tsar Nicolas II (1868-1918) et qui a permis au Parti bolchévique de prendre le pouvoir. Ce parti fédérateur est également, à ce moment précis, celui de Lénine (révolutionnaire et homme d'État russe, 1870-1924). Dans son désir de rassembler, Lénine organise ses nouvelles Républiques selon un critère ethnique. La gestion de ces entités est confiée au parti unique de l'URSS, le Parti communiste de l'Union soviétique (PCUS).

Ronald Reagan et Margaret Thatcher se sont bel et bien trouvés. Leur relation est très fusionnelle : il la qualifie de « meilleur homme de l'Angleterre » (« Reagan and Thatcher, Political Soul Mates », in *NBC News*), et elle parle de lui comme étant le deuxième homme de sa vie. Seuls de petits désaccords, sans conséquence dramatique, les verront s'opposer, tels que la tentative américaine de trouver un compromis lors de la guerre des Malouines.

ENTRE TENDRESSE ET COHABITATION DIFFICILE

Si Margaret Thatcher file le parfait amour politique avec Ronald Reagan, sa relation est plus nuancée avec la reine Élisabeth II.

Lorsque Margaret Thatcher devient Premier ministre, c'est la première fois qu'une femme obtient ce poste au Royaume-Uni. En outre, la Dame de fer provient d'un milieu différent de celui de la reine, ce qui ne l'empêche toutefois pas d'appliquer le protocole à la lettre, même si elle se permet d'utiliser le « nous » lorsqu'elle s'exprime, ce qui a le don d'énerver Élisabeth II, car il s'agit d'un privilège royal. Le look vestimentaire de la Dame de fer présente également des similitudes plutôt troublantes avec celui de la reine. Nombreux ce sont qui disent que cela est dû à un problème de rivalité féminine.

La reine se situe plutôt dans une politique de centre droit : elle approuve donc les réformes économiques sévères de Margaret Thatcher et les mesures prises dans les îles Malouines. Cependant, la cohabitation devient de plus en plus difficile lorsque la Dame de fer refuse toute concession lors de la grève des mineurs. La reine Élisabeth II la trouve alors trop insensible face au désespoir des têtes noires, elle qui reçoit de nombreuses lettres d'épouses de ces derniers la suppliant d'y mettre un terme. Pourtant, malgré ces désaccords, la reine éprouve une véritable affection pour Margaret Thatcher. En 2007, elle lui aurait même accordé son aide pour se mouvoir dans une salle de gala, la tenant par le bras.

Lors de l'annonce de son décès, la reine a témoigné sa tristesse et son affection à son égard. Plus surprenant encore, Élisabeth II, pourtant fort attachée au respect des traditions, s'est rendue à l'enterrement, fait plutôt rare puisque la reine ne s'était jamais rendue à celui de ses anciens premiers ministres, à l'exception de celui de Winston Churchill (1874-1965).

RÉPERCUSSIONS

Avec son look, ses formules bien trempées, son refus du consensus et sa politique ultralibérale, Margaret Thatcher a marqué les esprits et a profondément changé le Royaume-Uni.

LE VOLONTARISME POLITIQUE

Même si ses décisions et opinions ont toujours divisé, il faut reconnaître que la Dame de fer possède cette flamme, cette dévotion de l'objet politique. Elle est admirée pour son volontarisme et ses réactions face à des situations difficiles. Son attitude reste, encore aujourd'hui, un exemple pour la classe politique. *A contrario*, sa perception de la politique est jugée trop manichéenne. Consciente de son intransigeance, Margaret Thatcher n'hésite d'ailleurs pas à se dire « [...] pour le consensus [mais le] consensus sur ce [qu'elle veut] faire » (« Margaret Thatcher en dix citations », in *L'Express.fr*). Une phrase qui résume bien sa volonté et son engagement envers ses principes et ses valeurs.

Elle a également été la première femme du Royaume-Uni à atteindre un si haut poste dans la politique. Entourée principalement d'hommes dans son Gouvernement, la Dame de fer s'est toujours tenue à l'écart des discussions trop féminines. Si elle s'est éloignée du féminisme, qu'elle considère comme un poison, elle n'en a pas moins fait tomber de nombreuses barrières pour les femmes, leur démontrant que le succès n'a bien souvent pour seul ingrédient que la volonté.

L'ÉCONOMIE EN PREMIÈRE LIGNE

Margaret Thatcher a contribué, sans nul doute, au renouvellement économique de la Grande-Bretagne en favorisant l'entrepreneuriat et en s'allégeant des contraintes syndicales. À coup de privatisation des entreprises publiques et de dérégulation des finances, elle a donné plus de liberté aux investisseurs. Le Royaume-Uni s'est alors ouvert sur le monde international et a rapidement attiré de nombreux capitaux étrangers. Grâce à elle, la ville de Londres s'est mise à fourmiller de toute part et est devenue un centre boursier majeur et reconnu mondialement.

Ses successeurs, dont Tony Blair (né en 1953), n'ont pas critiqué ses choix : ils ont mené leur politique dans cette même direction. Malgré les crises sociales, Margaret Thatcher a permis au Royaume-Uni de connaître une prospérité exemplaire de 1994 à 2008.

DÉLABREMENT ÉTATIQUE

Un des objectifs principaux de Margaret Thatcher était de diminuer considérablement le rôle de l'État. Sa vague de privatisation a fait du secteur privé le principal acteur de l'économie britannique. Mais ses nombreuses restrictions dans des secteurs clés ont entraîné la disparition de la gratuité des soins ou encore la perte d'allocations de chômage pour les plus démunis. La société s'est alors divisée entre les bénéficiaires et les exclus. Le domaine de l'immigration a également été fortement touché par toute une série de mesures.

Peu à peu, l'État a ainsi vu son rôle devenir dérisoire. Son désengagement sur le plan social a provoqué une accentuation des inégalités entre les classes. En 1990, l'écart salarial entre les riches et les pauvres était exactement au même niveau qu'en 1930. Et, aujourd'hui encore, la part la moins riche de la population (environ 20 %) ne touche qu'un petit pour cent de plus par rapport à l'époque. La différence de revenus entre les classes sociales reste l'une des plus élevées des pays de l'OCDE (Organisation de coopération et de développement économique), le Royaume-Uni se situant en 24e position sur 28 pays.

FIN DE L'IMPACT SYNDICALISTE

Avec ses cinq lois prises à l'encontre des syndicats, Margaret Thatcher parvient à diminuer le rôle des *Trade Union*. Elle leur impose notamment un mode de fonctionnement plus strict et instaure une sanction contre les grèves sauvages. Son impassibilité à l'égard de la grève des mineurs signe la fin de l'impact des syndicats sur le pays. Depuis lors, la fréquence des grèves s'en est trouvée considérablement limitée, comme si la Dame de fer avait réussi à briser la symbolique de l'action syndicale.

MARGARET THATCHER, UNE SOURCE D'INSPIRATION

De par ses prises de position, ses discours, son attitude, la Dame de fer a, assez paradoxalement, constitué un excellent terreau pour la création dans les domaines artistiques. En supprimant les financements et en réduisant les aides à la culture, estimant que les artistes devaient se débrouiller seuls s'ils voulaient réussir, elle s'est attiré les foudres de nombre d'entre eux. Hors de question pour elle de contribuer à l'art, surtout s'il est tourné contre elle.

Ses mesures ont dès lors inspiré de nombreux groupes musicaux de l'époque qui lui ont consacré des chansons plutôt virulentes (The Smiths, The Clash, Morissey, Madness, Elvis Costello, et bien d'autres encore), montrant là leur façon de répondre à l'oppression qu'elle exerçait sur les classes populaires. Un véritable mouvement anti-Thatcher a même été mis en place dans le rock anglais. La carrière politique de la Dame de fer coïncide également avec l'apparition d'un mouvement hédoniste animé par de nombreuses fêtes sauvages dans lesquelles les pilules d'ecstasy foisonnent : c'est l'émergence de la rave culture.

Mais il n'y a pas que dans le domaine de la musique que Margaret Thatcher est un puissant sujet de discordes et de débats. Le cinéma, la peinture, la télévision, la littérature et même la mode ont également été influencés par la célèbre Dame de fer. En règle générale, les productions, œuvres, toiles, programmes et autres documentaires se montrent tous assez critiques face au travail de Margaret Thatcher. Et si, à l'annonce de son décès, de nombreux chefs d'État lui ont rendu hommage, les réactions ont été très différentes dans le domaine artistique où des critiques corrosives ont à nouveau été lancées. Ainsi, Ken Loach (réalisateur britannique de cinéma et de télévision, né en 1936) a déclaré le jour de sa mort, non sans ironie, que son enterrement aurait dû être privatisé, ce qui aurait permis de lancer un appel d'offres et de céder l'événement à la proposition la plus juteuse. Quoi qu'il en soit, la Dame de fer n'a jamais laissé – et ne laissera probablement jamais – indifférent.

EN RÉSUMÉ

1925
13 oct. : Naissance de Margaret Thatcher

1959
Margaret Thatcher entre au Parlement

1978-1979
Hiver du mécontentement

1979
Margaret Thatcher devient Premier ministre

1981
Mars : Grève de la faim initiée par Bobby Sands

1982
***Avril* : Margaret Thatcher s'attaque à la souveraineté des îles Malouines**

1984-1985
Grève des mineurs

1989
Margaret Thatcher lance la Poll tax

1990
22 nov. : **Margaret Thatcher quitte la politique**

2013
8 avril : Décès de Margaret Thatcher

- Née le 13 octobre 1925, Margaret Thatcher a toujours adulé son père qui lui a transmis les valeurs du méthodisme, le refus du compromis et la rigueur. Des traits de caractère qu'elle gardera tout au long de son mandat politique et qu'elle dévoilera également dans sa vie personnelle.

- Personnalité politique phare du XXe siècle, elle est la première femme Premier ministre au Royaume-Uni, mais aussi en Europe, et surtout, elle est celle qui a occupé ce poste le plus longtemps. Alors que son statut de femme n'a jamais été l'objet d'une quelconque revendication, elle a démontré que le fait de ne pas être un homme ne constituait pas un handicap dans la jungle politique.

- Dans l'esprit collectif, c'est également son sens de la rhétorique et ses répliques qui demeurent inimitables.
- Personnalité controversée pour sa politique économique, elle prend des mesures ultra libéralistes, antisyndicalistes et eurosceptiques, tout en faisant preuve d'une volonté inflexible.
- Sa politique a permis d'insuffler une nouvelle dynamique à l'économie britannique, attirant les investisseurs étrangers et favorisant de meilleures finances grâce aux nombreuses privatisations effectuées. En contrepartie, elle a diminué drastiquement le pouvoir de l'État en effectuant des coupes budgétaires dans les secteurs de la santé, des transports, de l'éducation et de la culture, notamment. Ces mesures ont malheureusement provoqué un accroissement du chômage et de l'écart entre les différentes classes sociales.

- Margaret Thatcher a également contribué à affaiblir le poids des *Trade Union* à une période où les grèves étaient fréquentes. Elle était contre le socialisme et la toute-puissance des syndicats britanniques qu'elle considérait comme des ennemis de l'intérieur. Elle n'a jamais fléchi malgré la lutte des mineurs qui aura duré 365 jours.
- La guerre des Malouines, épisode bref, mais terriblement meurtrier, lui permet de reconquérir le cœur des électeurs et de se faire réélire pour un second mandat.
- Personnalité forte, elle a inspiré de nombreux artistes dans divers domaines allant de la peinture jusqu'au chant. Preuve en est qu'elle ne laisse personne indifférent, un mouvement anti-Thatcher s'est même développé dans le rock britannique. La Dame de fer a également contribué, sans le vouloir, à l'avènement de la rave culture, apparue en contestation de ses coupes dans le budget de la culture.

Votre avis nous intéresse !
Laissez un commentaire sur le site de votre librairie en ligne et partagez vos coups de cœur sur les réseaux sociaux !

POUR ALLER PLUS LOIN

SOURCES BIBLIOGRAPHIQUES

- BLAGROVE JR (Ishmahil), « The Children of Thatcher and Reagan », in *Rice N Peas.com*, consulté le 26 janvier 2015. http://www.ricenpeas.com/docs/the%20children%20of%20thatcher.html
- CHABAS (Charlotte), « Margaret Thatcher l'adieu à dix millions de livres qui fait hurler la presse », in *Le Monde.fr*, consulté le 27 janvier 2015. http://www.lemonde.fr/europe/article/2013/04/11/margaret-thatcher-l-adieu-a-dix-millions-de-livres-qui-fait-hurler-la-presse_3157596_3214.html
- COLMANT (Patricia), « À Dublin, face à ses partenaires européens, Mme Thatcher dénonce la situation "inique" de la Grande-Bretagne dans la CEE », in *Le Soir*, 30 novembre 1979.
- COMBES (Francis), « Mort de Margaret Thatcher : un œillet rouge pour Bobby Sands », in *L'Humanité.fr*, consulté le 20 janvier 2015. http://www.humanite.fr/mort-de-margaret-thatcher-un-oeillet-rouge-pour-bobby-sands
- « Commonwealth », in *Toupie.org*, consulté le 22 janvier 2015. http://www.toupie.org/Dictionnaire/Commonwealth.htm

- COMPAGNON (Olivier), « Guerre des Malouines », in *Universalis.fr*, consulté le 28 janvier 2015. http://www.universalis.fr/encyclopedie/guerre-des-malouines/
- CULLEN (Catherine), *Margaret Thatcher. Une dame de fer*, Paris, Odile Jacob, 1991.
- CZARNI (Raphaël), « En 1984, Margaret Thatcher a vu le coiffeur tous les trois jours (et autres histoires rendues publiques) », in *Slate.fr*, consulté le 28 janvier 2015. http://www.slate.fr/monde/81839/1984-margaret-thatcher-coiffeur-anecdotes
- DELMOTTE (Axel), *L'indispensable de la culture anglo-saxonne*, Levallois-Perret, Studyrama, 2003.
- DE VISSCHER (Christian), EMERY (Jean-Michel) et LE BUSSY (Gauthier), *La relation entre l'autorité politique et la haute administration : mise en perspective de la situation au niveau fédéral en Belgique*, Gand, Academia Press, 2004.
- ECHEYNNE (Alexia), « Margaret Thatcher en dix citations », in *L'express.fr*, consulté le 6 février 2015. http://www.lexpress.fr/actualite/monde/europe/margaret-thatcher-en-10-citations_1238445.html
- « État-providence », in *Toupie.org*, consulté le 18 janvier 2015. http://www.toupie.org/Dictionnaire/Etat-providence.htm

- « Falkland Islands: Imperial Pride », in *The Guardian.com*, consulté le 18 janvier 2015. http://www.theguardian.com/commentisfree/2010/feb/19/falkland-islands-editorial
- FONTANT (Sylvain), « Bilan de Margaret Thatcher en Grande-Bretagne », in *L'Économiste.eu*, consulté le 28 janvier 2015. http://www.leconomiste.eu/decryptage-economie/12-bilan-economique-de-margaret-thatcher-en-grande-bretagne.html
- GIULIO ANTA (Claudio), *Les pères de l'Europe : sept portraits*, Bruxelles, Peter Lang, 2007.
- « Irlande du Nord : pas de regret pour Margaret Thatcher à Belfast-Ouest », in *L'Express.fr*, consulté le 23 janvier 2015. http://www.lexpress.fr/actualite/monde/l-irlande-du-nord-pas-de-regret-pour-margaret-thatcher-a-belfast-ouest_1240400.html
- « Ken Loach Blasts Plans For Margaret Thatcher's Costly-Funeral », in *Express.co.uk*, consulté le 28 janvier 2015. http://www.express.co.uk/news/showbiz/390560/Ken-Loach-blasts-plans-for-Margaret-Thatcher-s-costly-funeral
- « La Dame de fer en 10 dates clés », in *L'Express.fr*, consulté le 12 janvier 2015. http://www.lexpress.fr/actualite/monde/europe/mort-de-margaret-thatcher-la-dame-de-fer-en-10-dates-cles_1238414.html

- LANGELIER (Jean-Pierre), « Margaret Thatcher, portrait de la Dame de fer », in *Le Monde.fr*, consulté le 9 janvier 2015. http://www.lemonde.fr/europe/article/2013/04/08/margaret-thatcher-la-dame-de-fer_1810460_3214.html
- LEGER LEINWAND (Donna), « Thatcher, Reagan Relationship Altered History », in *USA Today*, consulté le 26 janvier 2015. http://www.usatoday.com/story/news/world/2013/04/08/thatcher-reagan-political-soulmates/2063671/
- LÉVÊQUE (Emilie), « Comment Margaret Thatcher a marqué l'économie et la société britannique », in *Trends.be*, consulté le 27 janvier 2015. http://trends.levif.be/economie/people/comment-margaret-thatcher-a-marque-l-economie-et-la-societe-britannique/article-normal-215919.html
- MARZAGALLI (Silvia) et MARNOT (Bruno), Guerre et économie dans l'espace Atlantique du XVIe au XXe siècle, Pessac, Presses universitaires de Bordeaux, 2006.
- MATHIEU (Clément), « Élisabeth et Margaret la relation spéciale », in *Parismatch.com*, consulté le 28 janvier 2015. http://www.parismatch.com/Royal-Blog/Royaume-Uni/La-reine-Elizabeth-et-Margaret-Thatcher-la-relation-speciale-50747
- NGUYEN (Éric), 100 événements du XXe siècle, Levallois-Perret, Studyrama, 2006.

- « Qui est Élisabeth II ? », in *L'Internaute.com*, consulté le 27 janvier 2015. http://www.linternaute.com/actualite/interviews/07/marc-roche-elizabeth-2/3-elizabeth-2-premiers-ministres.shtml
- « Royaume-Uni », in *OECD Data.org*, consulté le 28 janvier 2015. http://data.oecd.org/fr/royaume-uni.htm
- SUPERTINO (Gaétan), « Le "thatchérisme" pour les nuls », in *Europe1.fr*, consulté le 20 janvier 2015. http://www.europe1.fr/economie/le-thatcherisme-pour-les-nuls-1475411
- THATCHER (Margaret), « Speech at Kensington Town "Hall Britain Awake", 19 janvier 1976 », in *Margaret Thatcher Foundation.org*, consulté le 8 janvier 2015. http://www.margaretthatcher.org/speeches/displaydocument.asp?docid=102939
- THORAVAL (Armelle), « Le Royaume-Uni tient à sa "ristourne"», in *Libération.fr*, consulté le 15 janvier 2015. http://www.liberation.fr/evenement/2005/06/17/le-royaume-uni-tient-a-sa-ristourne_523726
- « Margaret Thatcher l'autre bilan », in *GQ Magazine.fr*, consulté le 28 janvier 2015. http://www.gqmagazine.fr/pop-culture/medias/diaporama/margaret-thatcher-lautre-bilan/3893#1-elle-a-t-la-muse-de-la-pop-anglaise

- « Margaret Thatcher, tremplin malgré elle de la culture britannique », in *L'Express.fr*, consulté le 28 janvier 2015. http://www.lexpress.fr/actualites/1/culture/margaret-thatcher-tremplin-malgre-elle-de-la-culture-britannique_1238516.html
- « Taux de chômage », in *Statistiques-mondiales.com*, consulté le 28 janvier 2015. http://www.statistiques-mondiales.com/chomage.htm
- « Thatcher : Mitterand a flatté sa féminité », in *Le Figaro.fr*, consulté le 10 janvier 2015. http://www.lefigaro.fr/flash-actu/2013/04/10/97001-20130410FILWWW01012-thatchermitterrand-avait-flatte-sa-feminite.php

SOURCES COMPLÉMENTAIRES

- Blundell (John), *Margaret Thatcher. A Portrait of the Iron Lady*, New York, Algora publishing, 2008.
- Chautard (Sophie), *L'indispensable des conflits du XXe siècle*, Paris, Studyrama, 2003.
- Reitan Aaron (Earl), *The Thatcher Revolution : Margaret Thatcher, John Major, Tony Blair and the Transformation of Modern Britain, 1979-2001*, Maryland, Rowman & Littlefield publishers, 2003.
- Wapshottitan (Nicholas), *Ronald Regan and Margaret Thatcher: a Political Marriage*, Londres, Sentinel, 2007.

SOURCE ICONOGRAPHIQUE

- Margaret Thatcher invitée à la Maison-Blanche par Reagan, 1988. La photo reproduite est réputée libre de droits.

FILMS

- *This Is England*, film de Shane Meadows, avec Stephen Graham, Thomas Turgoose et Joseph Gilgun, Royaume-Uni, 2006.
- *Hunger*, film de Steve McQueen, avec Michael Fassbender, Stuart Graham et Brian Milligan, Irlande et Royaume-Uni, 2008.
- *The Iron Lady*, film de Phyllida Lloyd, avec Meryl Streep, Jim Broadbent et Iain Glen, États-Unis-France, 2011.

LITTÉRATURE

- FORSYTH (Frédérick), *L'Alternative du diable*, 1980.
- HOLLINGHURST (Alan), *La Ligne de beauté*, Fayard, 2004.
- MANTEL (Hilary), *The Assassination of Margaret Thatcher: Stories*, 2014.

BÂTIMENT COMMÉMORATIF

- La statue de Margaret Thatcher au sein de la Chambre du Parlement, réalisée par Anthony Dufort en 2007. Elle remplace celle de la Guildhall Art Gallery qui a été décapitée par Paul Kelleher en 2002.

www.50minutes.fr

ISBN ebook : 978-2-8062-6654-5
ISBN papier : 978-2-8062-6655-2
Dépôt légal : D/2015/12603/282
Photo de couverture : *La Première Ministre Thatcher* , par Rob Bogaerts en 1983, © Nationaal Archief / La photo reproduite est réputée libre de droits

Conception numérique : Primento, le partenaire numérique des éditeurs